The Secret of the Enchanted Garden and Other Stories : Bilingual French-English Children's Stories

Coledown Bilingual Books

Published by Coledown Bilingual Books, 2023.

While every precaution has been taken in the preparation of this book, the publisher assumes no responsibility for errors or omissions, or for damages resulting from the use of the information contained herein.

THE SECRET OF THE ENCHANTED GARDEN AND OTHER STORIES : BILINGUAL FRENCH-ENGLISH CHILDREN'S STORIES

First edition. August 4, 2023.

Copyright © 2023 Coledown Bilingual Books.

ISBN: 979-8223144953

Written by Coledown Bilingual Books.

Table of Contents

Le Mystère du Petit Dragon 1

The Mystery of the Little Dragon 3

Le Petit Rêveur 5

The Little Dreamer 7

Le Petit Explorateur des Étoiles 9

The Little Star Explorer 11

Le Petit Jardinier Magique 13

The Little Magical Gardener 15

Les Aventures du Petit Chaton-Chevalier 17

The Adventures of Little Knight Kitten 19

Le Secret de la Forêt Enchantée 21

The Secret of the Enchanted Forest 23

Les Aventures de Petit Arthur et le Dragon Magique 25

The Adventures of Little Arthur and the Magical Dragon 27

Le Petit Artiste des Étoiles 29

The Little Star Artist 31

Le Secret du Jardin Enchanté 33

The Secret of the Enchanted Garden 35

Le Mystère de la Montagne Enchantée 37

The Mystery of the Enchanted Mountain 41

Les Aventures de Léon le Petit Explorateur 45

The Adventures of Leo the Little Explorer..................................... 47

Le Petit Pirate Intrépide 49

The Fearless Little Pirate 51

Le Petit Chaton Curieux 53

The Curious Little Kitten 55

Le Mystère du Petit Dragon

Il était une fois, dans une forêt enchantée, un petit dragon nommé Draco. Draco était différent des autres dragons car il avait de magnifiques ailes de papillon et un sourire chaleureux. Malheureusement, les autres dragons se moquaient de lui à cause de ses ailes uniques.

Un jour, alors qu'il errait tristement dans la forêt, Draco fit la rencontre d'une fée espiègle du nom de Fleur. Fleur était une artiste talentueuse et adorait dessiner des créatures magiques. Intriguée par la beauté des ailes de Draco, elle lui proposa de les peindre dans toutes les couleurs de l'arc-en-ciel.

Ensemble, ils devinrent amis et passèrent leurs journées à créer de magnifiques œuvres d'art. Les autres créatures de la forêt étaient émerveillées par les talents de Fleur et la transformation colorée des ailes de Draco. Ils comprirent alors qu'être différent ne signifiait pas être moins spécial.

Mais un jour, la forêt fut plongée dans l'obscurité par une malédiction lancée par une sorcière malveillante. Toutes les couleurs disparurent, et les créatures perdirent leur joie. Draco et Fleur savaient qu'ils devaient agir.

Avec le courage au cœur, Draco s'envola dans le ciel sombre et déploya ses ailes colorées. Les couleurs se répandirent dans le ciel, illuminant la forêt d'une lueur magique. Le pouvoir de l'amitié et de la différence triompha de la malédiction de la sorcière, et la forêt retrouva sa splendeur d'antan.

Désormais, Draco et Fleur étaient des héros et leurs talents artistiques éclairaient la vie de toutes les créatures de la forêt. Les autres dragons réalisèrent enfin que la beauté résidait dans la diversité.

Et depuis ce jour, le petit dragon Draco et la fée artiste Fleur continuèrent à peindre les merveilles de leur monde magique, répandant le message que l'acceptation de la différence est la clé de la véritable amitié et du bonheur éternel.

The Mystery of the Little Dragon

Once upon a time, in an enchanted forest, there lived a little dragon named Draco. Draco was different from other dragons because he had beautiful butterfly wings and a warm smile. Unfortunately, the other dragons teased him because of his unique wings.

One day, while wandering sadly in the forest, Draco met a mischievous fairy named Fleur. Fleur was a talented artist and loved drawing magical creatures. Intrigued by the beauty of Draco's wings, she offered to paint them in all the colors of the rainbow.

Together, they became friends and spent their days creating magnificent works of art. The other creatures in the forest were amazed by Fleur's talent and the colorful transformation of Draco's wings. They realized that being different didn't mean being less special.

But one day, the forest was plunged into darkness by a curse cast by a wicked witch. All the colors disappeared, and the creatures lost their joy. Draco and Fleur knew they had to act.

With courage in his heart, Draco flew into the dark sky and spread his colorful wings. The colors spread across the sky, illuminating the forest with a magical glow. The power of friendship and difference triumphed over the witch's curse, and the forest regained its former splendor.

From that day on, Draco and Fleur were heroes, and their artistic talents brightened the lives of all the creatures in the forest. The other dragons finally realized that beauty lies in diversity.

And since that day, the little dragon Draco and the artist fairy Fleur continued to paint the wonders of their magical world, spreading the message that accepting differences is the key to true friendship and eternal happiness.

Le Petit Rêveur

———

Il était une fois, dans un paisible village, un petit garçon nommé Théo. Théo avait une imagination débordante et aimait rêver éveillé. Chaque jour, il s'échappait dans son monde magique rempli de créatures fantastiques et d'aventures incroyables.

Un jour, alors qu'il se promenait près de la rivière, Théo rencontra une mystérieuse créature. C'était un chat malicieux aux yeux brillants, qui semblait tout droit sorti d'un conte de fées. Le chat s'appelait Félix, et il était un guide pour les rêveurs comme Théo.

Félix invita Théo à le suivre dans une forêt enchantée, où les arbres parlaient et les oiseaux chantaient des mélodies magiques. Ensemble, ils découvrirent un passage secret qui les emmena au royaume des nuages.

Dans le royaume des nuages, Théo rencontra la reine Aria, une fée bienveillante qui contrôlait les saisons. Elle lui montra comment faire pousser des fleurs en dansant et comment faire voler des cerfs-volants dans le ciel. Théo était émerveillé par tout ce qu'il apprenait.

Pendant leur aventure, Théo et Félix rencontrèrent également un dragon gentil nommé Élio. Élio était maladroit et avait du mal à cracher du feu, mais il était le dragon le plus sympathique du royaume. Théo devint ami avec Élio et lui enseigna comment croquer des étoiles pour renforcer son souffle de feu.

Au fur et à mesure que les jours passaient, Théo apprenait de nouvelles choses et grandissait en confiance. Il avait désormais le pouvoir de créer ses propres aventures et de devenir le héros de ses rêves.

Un soir, alors qu'il rentrait chez lui, Théo serra Félix dans ses bras et remercia la créature magique pour toutes les découvertes qu'il avait faites. Félix lui sourit, puis disparut dans l'obscurité de la nuit.

Le lendemain matin, Théo se réveilla avec le sourire aux lèvres, prêt à vivre une nouvelle journée pleine de rêves et de possibilités infinies. Car désormais, grâce à son ami Félix et au royaume des nuages, Théo savait qu'il pouvait accomplir n'importe quoi dans ses rêves et dans la réalité.

Et c'est ainsi que le petit rêveur Théo continua d'explorer son monde magique, propulsé par son imagination sans limites et guidé par l'amitié des créatures fantastiques.

The Little Dreamer

Once upon a time, in a peaceful village, there was a little boy named Theo. Theo had a boundless imagination and loved daydreaming. Every day, he would escape to his magical world filled with fantastical creatures and incredible adventures.

One day, while strolling near the river, Theo met a mysterious creature. It was a mischievous cat with shining eyes, straight out of a fairy tale. The cat's name was Felix, and he was a guide for dreamers like Theo.

Felix invited Theo to follow him into an enchanted forest, where trees spoke, and birds sang magical melodies. Together, they discovered a secret passage that led them to the kingdom of clouds.

In the kingdom of clouds, Theo met Queen Aria, a benevolent fairy who controlled the seasons. She showed him how to grow flowers by dancing and how to fly kites in the sky. Theo was amazed by everything he was learning.

During their adventure, Theo and Felix also met a friendly dragon named Eliot. Eliot was clumsy and struggled to breathe fire, but he was the kindest dragon in the realm. Theo became friends with Eliot and taught him how to munch on stars to strengthen his fire-breathing.

As the days passed, Theo learned new things and grew in confidence. He now had the power to create his own adventures and become the hero of his dreams.

One evening, as he was heading home, Theo hugged Felix tightly and thanked the magical creature for all the discoveries he had made. Felix smiled back, then disappeared into the darkness of the night.

The next morning, Theo woke up with a smile on his face, ready to embrace a new day full of dreams and endless possibilities. Because now, thanks to his friend Felix and the kingdom of clouds, Theo knew he could achieve anything in his dreams and in reality.

And so, the little dreamer Theo continued to explore his magical world, fueled by his boundless imagination and guided by the friendship of fantastical creatures.

Le Petit Explorateur des Étoiles

―――

Il était une fois, dans une petite maison au sommet d'une colline, vivait un enfant curieux du nom d'Antoine. Chaque nuit, Antoine aimait regarder les étoiles scintillantes dans le ciel. Il rêvait de voyager parmi les étoiles et d'explorer les mystères de l'univers.

Un soir, alors qu'il observait les étoiles depuis sa fenêtre, une étrange lueur apparut soudain dans le ciel. C'était une étoile filante qui semblait vouloir communiquer avec Antoine. Fasciné, il décida de suivre cette étoile étincelante.

Guidé par l'étoile, Antoine se retrouva dans une clairière enchantée où se dressait un magnifique vaisseau spatial en forme de dragon. Surpris mais excité, il grimpa à bord, et le vaisseau s'envola dans le ciel étoilé.

À l'intérieur du vaisseau, Antoine rencontra Étoile, une pilote intrépide aux cheveux argentés qui se déplaçait avec grâce. Étoile était responsable du vaisseau et avait parcouru l'univers pour découvrir de nouveaux mondes.

Ensemble, Antoine et Étoile explorèrent des planètes aux couleurs éblouissantes et aux paysages étranges. Ils rencontrèrent des créatures magiques qui brillaient dans l'obscurité et des extraterrestres amicaux qui leur enseignèrent des langues inconnues.

Lors de leur aventure, ils découvrirent une planète lointaine où les arbres chantaient des mélodies apaisantes et une lune aux reflets argentés où les étoiles dansaient en harmonie. Antoine était émerveillé par chaque découverte et rempli d'étoiles dans les yeux.

Mais le temps passait rapidement, et il était bientôt l'heure pour Antoine de rentrer chez lui. Étoile le ramena sur Terre, et ils partagèrent un émouvant adieu. Antoine promit qu'il garderait toujours les étoiles dans son cœur et continuerait à rêver d'explorer l'univers.

De retour chez lui, Antoine raconta son incroyable voyage à sa famille et à ses amis. Malgré l'incrédulité de certains, il sut que ses aventures étaient réelles et qu'il était devenu le Petit Explorateur des Étoiles.

Désormais, chaque nuit, Antoine continuait d'observer les étoiles avec un sourire radieux. Il savait que quelque part dans l'immensité de l'univers, il existait d'autres mondes à explorer et de nouvelles amitiés à découvrir.

Et ainsi, le Petit Explorateur des Étoiles continua de rêver en contemplant le ciel, sachant qu'avec un peu de courage et beaucoup d'imagination, tout est possible dans l'univers infini des étoiles.

The Little Star Explorer

———

Once upon a time, in a small house atop a hill, lived a curious child named Antoine. Every night, Antoine loved to gaze at the twinkling stars in the sky. He dreamt of traveling among the stars and exploring the mysteries of the universe.

One evening, as he was observing the stars from his window, a strange glow suddenly appeared in the sky. It was a shooting star that seemed to want to communicate with Antoine. Fascinated, he decided to follow this shimmering star.

Guided by the star, Antoine found himself in an enchanted clearing where a magnificent spaceship shaped like a dragon stood. Surprised but excited, he climbed aboard, and the spaceship soared into the starry sky.

Inside the spaceship, Antoine met Star, a fearless pilot with silver hair who moved with grace. Star was in charge of the spaceship and had traveled the universe to discover new worlds.

Together, Antoine and Star explored planets with dazzling colors and strange landscapes. They encountered magical creatures that glowed in the dark and friendly extraterrestrials who taught them unknown languages.

During their adventure, they discovered a distant planet where trees sang soothing melodies and a moon with silver reflections where stars danced in harmony. Antoine was amazed by each discovery and filled with stars in his eyes.

But time passed quickly, and it was soon time for Antoine to return home. Star brought him back to Earth, and they shared a touching farewell. Antoine promised that he would always keep the stars in his heart and continue to dream of exploring the universe.

Back home, Antoine recounted his incredible journey to his family and friends. Despite some people's disbelief, he knew that his adventures were real and that he had become the Little Star Explorer.

Now, every night, Antoine continued to gaze at the stars with a radiant smile. He knew that somewhere in the vastness of the universe, there were other worlds to explore and new friendships to discover.

And so, the Little Star Explorer continued to dream while contemplating the sky, knowing that with a little courage and a lot of imagination, anything is possible in the infinite universe of stars.

Le Petit Jardinier Magique

Il était une fois, dans un petit village au cœur d'une vallée verdoyante, vivait un jeune garçon nommé Léo. Léo avait les cheveux ébouriffés et les yeux brillants de malice. Chaque jour, il passait son temps à s'occuper du jardin de sa grand-mère, Mme Rose.

Mme Rose était une jardinière talentueuse et avait toujours eu une affection particulière pour les fleurs magiques. Elle enseignait à Léo comment prendre soin des plantes avec amour et respect.

Un matin ensoleillé, alors que Léo arrosait les roses, une pluie soudaine de pétales scintillants tomba du ciel. Émerveillé, Léo réalisa que quelque chose de magique se passait dans le jardin. Les fleurs semblaient danser en harmonie, créant une symphonie de couleurs et d'arômes envoûtants.

Intrigué, Léo se mit à explorer chaque recoin du jardin. C'est alors qu'il découvrit une porte dissimulée derrière une vigne grimpante. La porte était ornée de symboles énigmatiques, et Léo sentait que quelque chose de merveilleux l'attendait derrière.

Sans hésitation, Léo poussa la porte et fut transporté dans un monde enchanté. Des plantes géantes lui souriaient, des oiseaux multicolores chantaient des mélodies magiques et des licornes douces comme le vent galopaient dans un pré chatoyant.

Au milieu de ce paradis végétal, Léo rencontra une fée espiègle appelée Flora. Flora était la gardienne de ce jardin secret et connaissait tous ses mystères. Elle révéla à Léo que le jardin était protégé par des fleurs magiques qui dépendaient de l'amour et de l'attention qu'on leur portait.

Empli d'émerveillement, Léo apprit de nouvelles astuces pour prendre soin des plantes magiques. Il chantait des chansons douces pour les roses, racontait des histoires aux marguerites et dansait avec les tulipes. En retour, les fleurs s'épanouissaient davantage et déployaient leurs pouvoirs magiques.

Léo passa des jours heureux en compagnie de Flora et des fleurs magiques. Il devint le gardien de ce jardin enchanté et chérissait chaque moment passé au milieu de la nature. Les habitants du village étaient émerveillés par la beauté du jardin de Mme Rose, sans se douter de son secret magique.

Et depuis ce jour, le Petit Jardinier Magique Léo continua de s'occuper du jardin de Mme Rose avec amour et dévotion. Grâce à sa relation spéciale avec les fleurs magiques, il apprit que la nature nous réserve des merveilles insoupçonnées si nous la traitons avec respect et affection.

Le jardin de Mme Rose devint un lieu de légende, et chaque enfant du village rêvait de découvrir le secret magique qu'il renfermait. Mais seul Léo, avec son amour inconditionnel pour les fleurs, pouvait accéder à ce monde enchanté et devenir le gardien de ce petit coin de paradis.

The Little Magical Gardener

Once upon a time, in a small village nestled in a lush valley, lived a young boy named Leo. Leo had tousled hair and eyes that sparkled with mischief. Every day, he spent his time tending to his grandmother's garden, Mrs. Rose.

Mrs. Rose was a talented gardener and had always had a special fondness for magical flowers. She taught Leo how to care for plants with love and respect.

One sunny morning, as Leo was watering the roses, a sudden shower of glittering petals fell from the sky. Enchanted, Leo realized that something magical was happening in the garden. The flowers seemed to dance in harmony, creating a symphony of colors and captivating aromas.

Intrigued, Leo began exploring every corner of the garden. That's when he discovered a hidden door behind a climbing vine. The door was adorned with enigmatic symbols, and Leo felt that something wonderful awaited him beyond it.

Without hesitation, Leo pushed open the door and was transported into an enchanted world. Giant plants smiled at him, multicolored birds sang magical melodies, and gentle unicorns galloped through a shimmering meadow.

In the midst of this botanical paradise, Leo met a mischievous fairy named Flora. Flora was the guardian of this secret garden and knew all its mysteries. She revealed to Leo that the garden was protected by magical flowers that depended on the love and care they received.

Filled with wonder, Leo learned new tricks for caring for the magical plants. He sang soft songs to the roses, told stories to the daisies, and danced with the tulips. In return, the flowers bloomed even more and displayed their magical powers.

Leo spent happy days in the company of Flora and the magical flowers. He became the guardian of this enchanted garden and cherished every moment spent amidst nature. The villagers marveled at the beauty of Mrs. Rose's garden, unaware of its magical secret.

And from that day on, the Little Magical Gardener Leo continued to tend to Mrs. Rose's garden with love and devotion. Thanks to his special bond with the magical flowers, he learned that nature holds unsuspected wonders if treated with respect and affection.

Mrs. Rose's garden became a legendary place, and every child in the village dreamed of uncovering its magical secret. But only Leo, with his unconditional love for the flowers, could access this enchanted world and become the guardian of this little corner of paradise.

Les Aventures du Petit Chaton-Chevalier

Il était une fois, dans un royaume lointain, un petit chaton nommé Félix. Félix était différent des autres chats, car il rêvait d'aventures héroïques et de défendre les plus faibles. Chaque nuit, il s'imaginait en chevalier courageux combattant des dragons terrifiants et sauvant des princesses en détresse.

Un jour, alors qu'il se promenait près du vieux château du roi, Félix entendit des cris désespérés. Il suivit les bruits et découvrit une souris apeurée, poursuivie par un méchant chat noir. Sans réfléchir, Félix bondit au secours de la petite souris.

Avec agilité, il se faufila entre les griffes du chat noir et l'effraya avec son miaulement le plus féroce. Le chat noir s'enfuit, laissant la souris tremblante. Reconnaissante, la souris remercia Félix et lui dit qu'il était le chat le plus courageux qu'elle ait jamais rencontré.

Félix se sentit fier et se dit qu'il devait devenir un véritable chevalier pour protéger les plus faibles. Il alla voir le vieux sage du village pour lui demander comment devenir un chevalier. Le sage lui dit qu'il devait suivre un entraînement rigoureux et apprendre les valeurs de courage, de loyauté et d'honnêteté.

Pendant des jours et des nuits, Félix s'entraîna dur pour devenir un chevalier accompli. Il maniait l'épée avec grâce et apprenait l'art de l'équitation. Ses amis du village l'encourageaient et croyaient en lui.

Un jour, le roi organisa un grand tournoi où les chevaliers de tout le royaume se réunissaient pour prouver leur bravoure. Félix décida de participer, espérant devenir un vrai chevalier.

Le jour du tournoi arriva, et Félix se lança dans les épreuves avec détermination. Il affronta des adversaires redoutables et montra sa vaillance en protégeant les plus faibles. Les gens du royaume étaient impressionnés par son courage et sa gentillesse.

Finalement, Félix arriva en finale et fit face à un dragon géant en carton. Avec une féroce détermination, il combattit le dragon et le terrassa, sous les acclamations de la foule.

Le roi, impressionné par le courage de Félix, le nomma Chevalier du Royaume. Félix fut honoré et promit de toujours protéger les plus faibles et de défendre la justice.

Depuis ce jour, les aventures du Petit Chaton-Chevalier Félix se répandirent dans tout le royaume. Il devint le héros aimé de tous, et son rêve d'aventures héroïques se réalisa au-delà de ses espérances.

The Adventures of Little Knight Kitten

———

Once upon a time, in a distant kingdom, there lived a little kitten named Felix. Felix was different from other cats because he dreamed of heroic adventures and defending the weak. Every night, he imagined himself as a brave knight fighting terrifying dragons and rescuing damsels in distress.

One day, while wandering near the old king's castle, Felix heard desperate cries. He followed the sounds and discovered a frightened mouse being chased by a wicked black cat. Without hesitation, Felix leaped to the rescue of the little mouse.

With agility, he slipped between the claws of the black cat and scared him away with his fiercest meow. The black cat fled, leaving the trembling mouse behind. Grateful, the mouse thanked Felix and told him he was the bravest cat she had ever met.

Felix felt proud and decided he must become a true knight to protect the weak. He went to see the wise old sage of the village to ask him how to become a knight. The sage told him he must undergo rigorous training and learn the values of courage, loyalty, and honesty.

For days and nights, Felix trained hard to become a skilled knight. He wielded the sword with grace and learned the art of horseback riding. His friends in the village encouraged him and believed in him.

One day, the king organized a grand tournament where knights from all over the kingdom gathered to prove their bravery. Felix decided to participate, hoping to become a real knight.

The day of the tournament arrived, and Felix entered the trials with determination. He faced formidable opponents and showed his valor by protecting the weak. The people of the kingdom were impressed by his courage and kindness.

Finally, Felix reached the final and faced a giant cardboard dragon. With fierce determination, he fought the dragon and defeated it, to the cheers of the crowd.

The king, impressed by Felix's courage, appointed him Knight of the Kingdom. Felix was honored and promised to always protect the weak and uphold justice.

Since that day, the adventures of Little Knight Kitten Felix spread throughout the kingdom. He became the beloved hero of all, and his dream of heroic adventures came true beyond his wildest expectations.

Le Secret de la Forêt Enchantée

Il était une fois, dans une forêt lointaine, vivait une petite fille nommée Elisa. Elisa était une exploratrice intrépide qui aimait découvrir les mystères de la nature. Chaque jour, elle partait à l'aventure avec son fidèle ami, un écureuil nommé Noisette.

Un matin, tandis qu'ils suivaient un sentier dans la forêt, Elisa et Noisette découvrirent une lueur étrange émanant d'un arbre ancien. Intriguée, Elisa s'approcha avec précaution et toucha l'écorce. À sa grande surprise, une porte secrète s'ouvrit, révélant un passage étroit.

Pleine d'excitation, Elisa se glissa à travers la porte, suivie de près par Noisette. Ils se retrouvèrent dans un monde magique, illuminé par des lucioles brillantes. Des arbres majestueux, plus grands que des montagnes, entouraient le duo.

Au cœur de la forêt enchantée, ils firent la rencontre de créatures féériques éblouissantes : des licornes aux crinières chatoyantes, des elfes aux ailes translucides, et des farfadets qui dansaient avec légèreté.

Alors qu'ils se promenaient dans cet univers féerique, Elisa aperçut une fée en pleurs, assise sur un nénuphar au bord d'un étang. Elle s'appelait Lila et avait perdu sa baguette magique, source de ses pouvoirs.

Elisa, déterminée à aider Lila, se mit en quête de la baguette. Elle rechercha dans les recoins les plus cachés de la forêt, guidée par les conseils avisés de Noisette et la magie des lucioles.

Finalement, après une recherche minutieuse, Elisa trouva la baguette dans un bosquet de roses enchantées. Elle la remit à Lila, qui fut remplie de gratitude. En signe de remerciement, Lila offrit à Elisa et Noisette un pendentif scintillant qui les protégerait dans leurs aventures futures.

Le cœur rempli de joie, Elisa et Noisette repassèrent par la porte secrète et rentrèrent chez eux. Leur secret de la forêt enchantée resterait gravé dans leur mémoire.

Depuis ce jour, Elisa et Noisette savaient qu'ils pouvaient toujours compter sur l'amitié et la magie de la forêt enchantée. Et chaque fois qu'ils entendaient le murmure du vent dans les arbres, ils savaient que la nature avait encore de nombreux mystères à leur offrir.

The Secret of the Enchanted Forest

———

Once upon a time, in a distant forest, there lived a little girl named Elisa. Elisa was a fearless explorer who loved discovering the mysteries of nature. Every day, she set off on adventures with her loyal friend, a squirrel named Noisette.

One morning, as they followed a path in the forest, Elisa and Noisette discovered a strange glow emanating from an ancient tree. Intrigued, Elisa approached cautiously and touched the bark. To her great surprise, a secret door opened, revealing a narrow passage.

Full of excitement, Elisa slipped through the door, closely followed by Noisette. They found themselves in a magical world, illuminated by shining fireflies. Majestic trees, taller than mountains, surrounded the duo.

In the heart of the enchanted forest, they encountered dazzling fairy creatures: unicorns with shimmering manes, elves with translucent wings, and sprites dancing with lightness.

While exploring this fairyland, Elisa spotted a weeping fairy sitting on a water lily by a pond. Her name was Lila, and she had lost her magic wand, the source of her powers.

Determined to help Lila, Elisa embarked on a quest to find the wand. She searched in the most hidden corners of the forest, guided by Noisette's wise advice and the magic of the fireflies.

Finally, after a thorough search, Elisa found the wand in a grove of enchanted roses. She returned it to Lila, who was filled with gratitude. As a token of thanks, Lila gave Elisa and Noisette a shimmering pendant that would protect them in their future adventures.

With joy in their hearts, Elisa and Noisette passed through the secret door and returned home. The secret of the enchanted forest would remain etched in their memories.

Since that day, Elisa and Noisette knew they could always rely on the friendship and magic of the enchanted forest. And every time they heard the whisper of the wind in the trees, they knew that nature had many more mysteries to offer them.

Les Aventures de Petit Arthur et le Dragon Magique

Il était une fois, dans un petit village au bord d'une vaste forêt, vivait un jeune garçon nommé Arthur. Arthur était un rêveur avec une imagination débordante. Chaque soir, avant de s'endormir, il lisait des livres d'aventures et rêvait de vivre des péripéties extraordinaires.

Un jour, alors qu'il se promenait près de la forêt, Arthur entendit un étrange bruit venant des profondeurs des bois. Curieux, il s'aventura plus loin et découvrit une énorme empreinte de pas dans la boue. Émerveillé, il réalisa qu'un dragon mystérieux habitait la forêt.

Intrigué par la légende du dragon magique, Arthur décida de partir à l'aventure pour le trouver. Il prépara un petit sac avec de la nourriture et des fournitures, puis se mit en route vers la forêt mystérieuse.

Au cœur de la forêt, Arthur rencontra une vieille dame sage du nom de Mélinda. Mélinda était une herboriste et connaissait tous les secrets de la forêt. Elle avait entendu parler du dragon magique et promit d'aider Arthur dans sa quête.

Ensemble, ils marchèrent pendant des jours, suivant les traces laissées par le dragon. Au fur et à mesure qu'ils avançaient, ils rencontrèrent des créatures magiques, des fées dansant parmi les fleurs et des elfes facétieux qui leur montrèrent le chemin.

Finalement, après de nombreuses péripéties, Arthur et Mélinda atteignirent une clairière enchantée où le dragon magique reposait. Le dragon avait des écailles dorées et des yeux étincelants comme des étoiles. Il accueillit Arthur avec bienveillance et lui parla dans un langage ancien.

Arthur découvrit que le dragon était un gardien des rêves et des espoirs de tous ceux qui croyaient en la magie. Il protégeait les rêves des enfants et les transformait en aventures réelles pour les plus courageux.

Touché par la gentillesse du dragon, Arthur partagea ses rêves les plus chers avec lui. Le dragon écouta attentivement et lui sourit. Il dit à Arthur que s'il croyait en ses rêves, il pouvait les réaliser dans le monde réel.

De retour chez lui, Arthur partagea son incroyable aventure avec sa famille et ses amis. Ils étaient émerveillés par son récit et le félicitèrent pour sa bravoure.

Désormais, chaque nuit, avant de s'endormir, Arthur parlait au dragon magique dans ses rêves. Ils continuaient à vivre des aventures extraordinaires ensemble, car dans son cœur, Arthur savait que la magie existait, et ses rêves pouvaient devenir réalité.

Et c'est ainsi que Petit Arthur et le Dragon Magique devinrent les meilleurs amis, naviguant à travers les mondes magiques de l'imagination, prêts à vivre des aventures incroyables chaque jour.

The Adventures of Little Arthur and the Magical Dragon

Once upon a time, in a small village on the edge of a vast forest, lived a young boy named Arthur. Arthur was a dreamer with an overflowing imagination. Every evening, before falling asleep, he read adventure books and dreamt of experiencing extraordinary escapades.

One day, while walking near the forest, Arthur heard a strange noise coming from the depths of the woods. Curious, he ventured further and discovered a huge footprint in the mud. Amazed, he realized that a mysterious dragon inhabited the forest.

Intrigued by the legend of the magical dragon, Arthur decided to set off on an adventure to find it. He prepared a small bag with food and supplies and headed towards the mysterious forest.

In the heart of the forest, Arthur met a wise old lady named Melinda. Melinda was an herbalist and knew all the secrets of the forest. She had heard about the magical dragon and promised to help Arthur in his quest.

Together, they walked for days, following the tracks left by the dragon. As they advanced, they encountered magical creatures, fairies dancing among the flowers, and mischievous elves who showed them the way.

Finally, after many adventures, Arthur and Melinda reached an enchanted clearing where the magical dragon rested. The dragon had golden scales and eyes sparkling like stars. He welcomed Arthur kindly and spoke to him in an ancient language.

Arthur discovered that the dragon was a guardian of dreams and hopes for all those who believed in magic. He protected the dreams of children and turned them into real adventures for the bravest.

Touched by the dragon's kindness, Arthur shared his dearest dreams with him. The dragon listened attentively and smiled. He told Arthur that if he believed in his dreams, he could make them come true in the real world.

Back home, Arthur shared his incredible adventure with his family and friends. They were amazed by his story and congratulated him for his bravery.

From then on, every night, before falling asleep, Arthur talked to the magical dragon in his dreams. They continued to experience extraordinary adventures together because in his heart, Arthur knew that magic existed, and his dreams could become reality.

And so, Little Arthur and the Magical Dragon became best friends, sailing through the magical worlds of imagination, ready to experience incredible adventures every day.

Le Petit Artiste des Étoiles

———

Il était une fois, dans un petit village perché au sommet d'une colline, vivait un enfant passionné d'art nommé Léo. Léo adorait dessiner et peindre tout ce qu'il voyait : les fleurs colorées, les animaux espiègles, et surtout, les étoiles scintillantes dans le ciel nocturne.

Chaque soir, Léo grimpait sur le toit de sa maison pour admirer les étoiles. Il rêvait de voyager parmi elles, de créer des mondes imaginaires et de donner vie à ses dessins célestes.

Un soir, alors qu'il peignait les étoiles sur son carnet, une étoile filante traversa le ciel. Émerveillé, Léo fit un vœu secret : celui de devenir un véritable artiste des étoiles.

Le lendemain matin, alors qu'il se promenait près de la rivière, Léo découvrit un étrange objet brillant sur le sol. C'était un pinceau étincelant, semblable à celui d'une fée. Intrigué, Léo le ramassa et sentit une énergie magique le traverser.

Dès qu'il toucha le pinceau à une feuille de papier, quelque chose d'extraordinaire se produisit. Les étoiles qu'il dessinait prirent vie et brillèrent comme de véritables astres dans le ciel.

Léo était enchanté par cette découverte magique. Désormais, chaque fois qu'il utilisait le pinceau, il pouvait créer des univers enchantés remplis d'étoiles, de planètes et de galaxies.

Un jour, Léo décida de partager sa magie avec les autres enfants du village. Il organisa un atelier d'art sous le ciel étoilé et leur apprit à utiliser le pinceau magique pour créer leurs propres œuvres célestes.

Les enfants étaient fascinés par la magie du pinceau et la beauté des étoiles qu'ils dessinaient. Bientôt, le village tout entier fut rempli de peintures scintillantes qui illuminaient les nuits sombres.

Un soir, alors que Léo peignait les étoiles avec passion, une étoile filante atterrit doucement à ses pieds. C'était une fée des étoiles, venue pour le remercier d'avoir partagé sa magie avec les autres.

La fée des étoiles révéla à Léo qu'il était devenu un véritable artiste des étoiles grâce à son amour pour l'art et sa générosité envers les autres. Elle lui dit que ses créations illumineraient les cieux pour toujours.

Depuis ce jour, le village de Léo est devenu célèbre pour ses peintures d'étoiles magiques. Les visiteurs du monde entier venaient admirer l'œuvre du Petit Artiste des Étoiles.

Et chaque soir, Léo montait sur le toit de sa maison, son pinceau magique à la main, pour continuer à peindre les étoiles et à partager la magie céleste avec le monde.

Et c'est ainsi que le Petit Artiste des Étoiles répandit sa magie à travers les cieux, émerveillant petits et grands, et laissant briller l'amour de l'art dans le cœur de tous.

The Little Star Artist

Once upon a time, in a small village perched atop a hill, lived a passionate young artist named Leo. Leo loved to draw and paint everything he saw: colorful flowers, playful animals, and most of all, the twinkling stars in the night sky.

Every evening, Leo climbed up to the roof of his house to admire the stars. He dreamed of traveling among them, creating imaginary worlds, and bringing his celestial drawings to life.

One night, while he was sketching the stars in his sketchbook, a shooting star streaked across the sky. Enchanted, Leo made a secret wish: to become a true star artist.

The next morning, as he strolled near the river, Leo discovered a strange sparkling object on the ground. It was a shimmering brush, resembling that of a fairy. Intrigued, Leo picked it up and felt a magical energy coursing through him.

As soon as he touched the brush to a sheet of paper, something extraordinary happened. The stars he drew came to life, shining like real celestial bodies in the sky.

Leo was captivated by this magical discovery. From then on, every time he used the brush, he could create enchanted universes filled with stars, planets, and galaxies.

One day, Leo decided to share his magic with the other children in the village. He organized an art workshop under the starry sky and taught them how to use the magical brush to create their own celestial masterpieces.

The children were fascinated by the brush's magic and the beauty of the stars they drew. Soon, the entire village was filled with shimmering paintings that illuminated the dark nights.

One evening, as Leo painted the stars with passion, a shooting star gently landed at his feet. It was a star fairy, who had come to thank him for sharing his magic with others.

The star fairy revealed to Leo that he had become a true star artist because of his love for art and his generosity towards others. She told him that his creations would light up the skies forever.

Since that day, Leo's village became famous for its magical star paintings. Visitors from all over the world came to admire the work of the Little Star Artist.

And every evening, Leo climbed up to the roof of his house, his magical brush in hand, to continue painting the stars and sharing celestial magic with the world.

And so, the Little Star Artist spread his magic across the heavens, enchanting young and old alike, and leaving the love of art shining in everyone's heart.

Le Secret du Jardin Enchanté

———

Il était une fois, dans un petit village niché au creux d'une vallée verdoyante, vivait une fillette espiègle nommée Camille. Camille avait les cheveux bouclés comme des ressorts et les yeux étincelants de malice. Chaque jour, elle se promenait dans la nature, à la recherche d'aventures mystérieuses.

Un matin, alors qu'elle explorait les bois avoisinants, Camille découvrit un vieux portail rouillé caché derrière un rideau de lianes. Intriguée, elle le poussa doucement, et à sa grande surprise, il s'ouvrit sur un magnifique jardin enchanté.

Dans ce jardin secret, les fleurs semblaient danser au rythme de la brise, les papillons aux couleurs éclatantes virevoltaient dans les airs, et des fontaines magiques égayaient l'atmosphère de mille éclaboussures.

Camille était émerveillée par la beauté de cet endroit féerique. Elle avança à pas légers et découvrit une petite fée assise sur une feuille de nénuphar. La fée s'appelait Iris et avait des ailes chatoyantes comme un arc-en-ciel.

Iris expliqua à Camille qu'elle était la gardienne du jardin enchanté et qu'il était protégé par un sortilège puissant. Seules les personnes au cœur pur et plein de bienveillance pouvaient pénétrer dans cet endroit magique.

Touchée par la gentillesse de Camille, Iris décida de lui dévoiler le secret du jardin. Elle lui expliqua qu'en prenant soin des fleurs avec amour et en respectant la nature, le jardin s'épanouissait davantage et dévoilait ses pouvoirs magiques.

Depuis ce jour, Camille se rendit au jardin enchanté chaque matin pour s'occuper des fleurs avec tendresse. Elle chantait des berceuses aux roses, racontait des histoires aux marguerites, et les fleurs répondirent à son amour en s'épanouissant de plus belle.

Un jour, alors que Camille était plongée dans un livre d'histoires enchantées, elle entendit un faible murmure provenant du tronc d'un arbre vénérable. Elle s'approcha et découvrit une famille de petits lutins espiègles qui avaient élu domicile dans le creux de l'arbre.

Les lutins, reconnaissants pour l'amour que Camille prodiguait aux fleurs, lui offrirent une petite baguette magique. Ils lui dirent que la baguette exaucerait trois vœux, à condition qu'ils soient empreints de bonté et de bienveillance.

Camille remercia les lutins de tout cœur et garda précieusement la baguette magique. Cependant, elle se rendit compte qu'elle n'avait pas besoin de faire de vœux extravagants, car grâce à son amour pour la nature et aux merveilles du jardin enchanté, elle était déjà comblée de bonheur.

Et ainsi, Camille continua à explorer le jardin enchanté, s'émerveillant chaque jour devant la magie qui l'entourait. Elle comprit que la vraie magie résidait dans le respect de la nature, l'amour envers les autres, et la joie simple de vivre chaque instant avec émerveillement.

The Secret of the Enchanted Garden

Once upon a time, in a small village nestled in a lush valley, lived a mischievous little girl named Camille. Camille had curly hair like springs and eyes that sparkled with mischief. Every day, she wandered in nature, searching for mysterious adventures.

One morning, while exploring the nearby woods, Camille discovered an old rusty gate hidden behind a curtain of vines. Intrigued, she pushed it gently, and to her great surprise, it opened onto a magnificent enchanted garden.

In this secret garden, the flowers seemed to dance to the rhythm of the breeze, brilliantly colored butterflies fluttered in the air, and magical fountains brightened the atmosphere with a thousand splashes.

Camille was amazed by the beauty of this fairy place. She walked lightly and discovered a little fairy sitting on a lily pad. The fairy's name was Iris, and she had shimmering wings like a rainbow.

Iris explained to Camille that she was the guardian of the enchanted garden and that it was protected by a powerful spell. Only those with a pure and kind heart could enter this magical place.

Touched by Camille's kindness, Iris decided to reveal the secret of the garden. She explained to Camille that by taking care of the flowers with love and respecting nature, the garden flourished even more and revealed its magical powers.

Since that day, Camille visited the enchanted garden every morning to tend to the flowers with tenderness. She sang lullabies to the roses, told stories to the daisies, and the flowers responded to her love by blooming even more beautifully.

One day, while Camille was engrossed in a book of enchanted stories, she heard a faint whisper coming from the trunk of a venerable tree. She approached and discovered a family of playful little elves who had taken up residence in the hollow of the tree.

Grateful for the love Camille gave to the flowers, the elves offered her a tiny magic wand. They told her that the wand would grant three wishes, provided they were filled with kindness and benevolence.

Camille thanked the elves wholeheartedly and cherished the magic wand. However, she realized she didn't need to make extravagant wishes because, thanks to her love for nature and the wonders of the enchanted garden, she was already filled with happiness.

And so, Camille continued to explore the enchanted garden, marveling every day at the magic that surrounded her. She understood that true magic resided in respecting nature, loving others, and finding joy in living every moment with wonder.

Le Mystère de la Montagne Enchantée

Il était une fois, dans un petit village au pied d'une majestueuse montagne, vivait un jeune garçon curieux du nom d'Antoine. Antoine avait des yeux pétillants et un sourire qui illuminait son visage. Chaque jour, il explorait les recoins du village à la recherche d'aventures captivantes.

Un matin, alors qu'il se promenait près de la montagne, Antoine entendit un doux murmure venant de loin. Intrigué, il décida de suivre le son mystérieux et grimpa jusqu'au sommet de la montagne.

Au sommet, il découvrit une caverne dissimulée derrière un rideau d'eau scintillante. Le murmure venait de cette caverne enchantée. Antoine entra avec précaution, éclairant son chemin avec une lampe de poche.

À l'intérieur, il fut ébloui par un spectacle magique : des cristaux scintillants tapissaient les parois de la caverne, émettant une douce lueur. Antoine n'avait jamais vu de tels joyaux étincelants auparavant.

Soudain, il entendit un petit bruit étouffé, comme si quelqu'un chuchotait. Antoine se retourna et aperçut une petite créature lumineuse qui flottait dans les airs. C'était une fée des montagnes, et elle souriait chaleureusement à Antoine.

La fée des montagnes s'appelait Aria, et elle expliqua à Antoine que la caverne était un lieu magique où les souhaits les plus sincères devenaient réalité. Cependant, seuls ceux qui avaient un cœur pur et bienveillant pouvaient accéder à ce pouvoir.

Touché par la gentillesse d'Antoine, Aria lui offrit un cristal brillant. Elle dit à Antoine qu'en formulant un vœu avec amour et compassion, le cristal exaucerait son souhait le plus cher.

Depuis ce jour, Antoine rendit régulièrement visite à la caverne enchantée. À chaque fois, il formulait des vœux simples pour aider les autres et embellir le village.

Il souhaita que les fleurs du jardin poussent plus belles, que les animaux soient heureux, et que la fontaine du village ne tarisse jamais. À chaque vœu, le cristal s'illuminait de bonheur, témoignant de la puissance de l'amour d'Antoine.

Bientôt, le village tout entier prospéra grâce aux souhaits d'Antoine. Les jardins étaient luxuriants, les animaux jouaient joyeusement, et la fontaine coulait à flots.

Un jour, un étranger mal intentionné apprit l'existence de la caverne enchantée. Il décida de s'en emparer pour réaliser ses souhaits égoïstes et ambitieux.

Mais lorsque l'étranger entra dans la caverne, le cristal ne s'illumina pas. La magie ne fonctionnait pas pour lui, car son cœur était rempli de cupidité et de méchanceté.

Déçu, l'étranger quitta la caverne les mains vides. Antoine arriva à ce moment-là et comprit que la caverne ne révélait sa magie qu'à ceux qui étaient guidés par l'amour et la bienveillance.

Depuis ce jour, Antoine continua à protéger le mystère de la montagne enchantée. Il veillait à ce que seuls les cœurs purs puissent accéder à la magie du cristal et que le village reste un endroit de paix et d'harmonie.

Et ainsi, Antoine devint le gardien du mystère de la montagne enchantée, protégeant son pouvoir magique et l'utilisant avec sagesse et amour pour le bien de tous.

The Mystery of the Enchanted Mountain

―――

Once upon a time, in a small village at the foot of a majestic mountain, lived a curious young boy named Antoine. Antoine had sparkling eyes and a smile that lit up his face. Every day, he explored the corners of the village in search of captivating adventures.

One morning, while he was walking near the mountain, Antoine heard a soft murmur coming from afar. Intrigued, he decided to follow the mysterious sound and climbed up to the top of the mountain.

At the summit, he discovered a cave hidden behind a curtain of shimmering water. The murmur came from this enchanted cave. Antoine entered cautiously, illuminating his way with a flashlight.

Inside, he was dazzled by a magical sight: sparkling crystals adorned the walls of the cave, emitting a soft glow. Antoine had never seen such sparkling jewels before.

Suddenly, he heard a faint noise, as if someone was whispering. Antoine turned around and saw a little luminous creature floating in the air. It was a mountain fairy, and she smiled warmly at Antoine.

The mountain fairy's name was Aria, and she explained to Antoine that the cave was a magical place where the sincerest wishes came true. However, only those with a pure and kind heart could access this power.

Touched by Antoine's kindness, Aria offered him a shining crystal. She told Antoine that by making a wish with love and compassion, the crystal would grant his dearest wish.

Since that day, Antoine regularly visited the enchanted cave. Each time, he made simple wishes to help others and beautify the village.

He wished for the flowers in the garden to grow more beautiful, for the animals to be happy, and for the village fountain to never run dry. With each wish, the crystal lit up with joy, bearing witness to the power of Antoine's love.

Soon, the entire village prospered thanks to Antoine's wishes. The gardens were lush, the animals played happily, and the fountain flowed abundantly.

One day, a malicious stranger learned about the existence of the enchanted cave. He decided to take it over to fulfill his selfish and ambitious wishes.

But when the stranger entered the cave, the crystal did not light up. The magic did not work for him because his heart was filled with greed and wickedness.

Disappointed, the stranger left the cave empty-handed. Antoine arrived at that moment and realized that the cave revealed its magic only to those guided by love and kindness.

Since that day, Antoine continued to protect the mystery of the enchanted mountain. He ensured that only pure hearts could access the magic of the crystal and that the village remained a place of peace and harmony.

And so, Antoine became the guardian of the mystery of the enchanted mountain, protecting its magical power and using it wisely and lovingly for the good of all.

Les Aventures de Léon le Petit Explorateur

———

Il était une fois, dans un petit village entouré de forêts et de collines, vivait un jeune garçon nommé Léon. Léon était un petit explorateur intrépide avec une passion pour les mystères de la nature. Chaque jour, il partait à l'aventure dans les contrées sauvages avec son fidèle compagnon, un renard espiègle nommé Rouky.

Un matin ensoleillé, Léon et Rouky décidèrent de partir à la recherche du trésor légendaire caché dans la vallée mystérieuse. Selon une ancienne carte au trésor, le trésor était gardé par des créatures enchantées dans une grotte cachée.

Le chemin vers la vallée était périlleux, mais Léon et Rouky n'avaient pas peur. Ils traversèrent des rivières tumultueuses, escaladèrent des montagnes escarpées et se faufilèrent à travers les buissons épais.

En chemin, ils rencontrèrent des animaux fascinants : des lapins joueurs, des hiboux sages, et même une licorne majestueuse. Chaque rencontre était une aventure en soi, remplie de rires et de découvertes.

Finalement, après maintes péripéties, Léon et Rouky atteignirent la vallée mystérieuse. Ils entrèrent dans une forêt dense où les arbres semblaient murmurer des secrets anciens.

Soudain, Léon entendit un doux chant mélodieux. Guidé par la musique enchanteresse, il arriva devant une clairière magique. Au milieu de la clairière, des fées dansaient gracieusement, entourées de papillons scintillants.

Les fées accueillirent Léon et Rouky avec chaleur. Elles avaient entendu parler de leur quête du trésor légendaire et étaient prêtes à les aider.

Elles leur expliquèrent que le trésor tant convoité n'était pas un coffre rempli d'or, mais quelque chose de bien plus précieux : la magie de la nature et de l'amitié.

Emplis de joie et de reconnaissance, Léon et Rouky se joignirent à la danse féerique. Ils sentirent la magie de la nature les envelopper, et ils comprirent que chaque moment passé ensemble était un véritable trésor.

Les fées leur offrirent des pierres scintillantes comme souvenirs de leur rencontre magique. Ces pierres, disaient-elles, protégeraient Léon et Rouky dans leurs futures aventures.

Le cœur rempli de bonheur, Léon et Rouky rentrèrent au village avec la magie de la vallée mystérieuse gravée dans leur esprit. Ils comprirent que le vrai trésor de la vie se trouvait dans les moments partagés, les rires et les découvertes de l'amitié.

Et ainsi, Léon le Petit Explorateur et son fidèle ami Rouky continuèrent à vivre d'incroyables aventures, parcourant les contrées sauvages et découvrant la magie cachée dans les moindres recoins de la nature.

The Adventures of Leo the Little Explorer

Once upon a time, in a small village surrounded by forests and hills, lived a young boy named Leo. Leo was a fearless little explorer with a passion for the mysteries of nature. Every day, he set off on adventures in the wild lands with his faithful companion, a playful fox named Rusty.

One sunny morning, Leo and Rusty decided to search for the legendary treasure hidden in the mysterious valley. According to an ancient treasure map, the treasure was guarded by enchanted creatures in a hidden cave.

The path to the valley was treacherous, but Leo and Rusty were not afraid. They crossed tumultuous rivers, climbed steep mountains, and sneaked through thick bushes.

On their journey, they encountered fascinating animals: playful rabbits, wise owls, and even a majestic unicorn. Each encounter was an adventure in itself, filled with laughter and discoveries.

Finally, after many adventures, Leo and Rusty reached the mysterious valley. They entered a dense forest where the trees seemed to whisper ancient secrets.

Suddenly, Leo heard a soft melodious song. Guided by the enchanting music, he arrived at a magical clearing. In the middle of the clearing, fairies were dancing gracefully, surrounded by shimmering butterflies.

The fairies welcomed Leo and Rusty warmly. They had heard of their quest for the legendary treasure and were ready to help them.

They explained that the coveted treasure was not a chest filled with gold, but something much more precious: the magic of nature and friendship.

Filled with joy and gratitude, Leo and Rusty joined the fairy dance. They felt the magic of nature envelop them, and they understood that every moment spent together was a true treasure.

The fairies offered them sparkling stones as souvenirs of their magical encounter. These stones, they said, would protect Leo and Rusty in their future adventures.

With their hearts full of happiness, Leo and Rusty returned to the village with the magic of the mysterious valley etched in their minds. They understood that the true treasure of life was found in shared moments, laughter, and the discoveries of friendship.

And so, Leo the Little Explorer and his faithful friend Rusty continued to live incredible adventures, exploring the wild lands and discovering the hidden magic in every corner of nature.

Le Petit Pirate Intrépide

Il était une fois, sur une île lointaine au milieu de l'océan, vivait un petit garçon courageux nommé Louis. Louis rêvait de devenir un grand pirate depuis qu'il avait entendu les récits palpitants de son grand-père sur les trésors cachés et les aventures en mer.

Un jour, alors qu'il explorait la plage, Louis découvrit une vieille carte au trésor enfouie dans le sable. La carte était ornée de mystérieux symboles et pointait vers un endroit inconnu sur l'île.

Intrigué, Louis montra la carte à son fidèle compagnon, un perroquet bavard nommé Coco. Ensemble, ils décidèrent de partir à l'aventure pour trouver le trésor tant convoité.

Leur voyage les mena à travers d'épaisses jungles, où ils affrontèrent des serpents sournois et des singes espiègles. Ils escaladèrent des falaises escarpées et naviguèrent sur des rivières sauvages.

En chemin, Louis fit la rencontre d'une étrange créature marine, une sirène enchanteresse. Elle lui dit que pour atteindre le trésor, il devait résoudre trois énigmes énigmatiques.

Avec l'aide de Coco, Louis résolut les énigmes avec ingéniosité et persévérance. En récompense, la sirène lui offrit une boussole magique qui le guiderait vers le trésor.

Le trésor se trouvait au sommet d'une montagne sacrée, gardée par un dragon redoutable. Déterminé à atteindre son but, Louis grimpa la montagne avec bravoure et calma le dragon avec une chanson apaisante.

Enfin, Louis trouva le trésor, une boîte en bois ornée de joyaux étincelants. En l'ouvrant, il découvrit un carnet rempli de contes et légendes de pirates du passé.

La voix de son grand-père résonnait dans sa tête, et Louis réalisa que le véritable trésor était l'héritage de ses ancêtres, leurs histoires et leur courage.

De retour au village, Louis partagea les contes du carnet avec les autres enfants, inspirant leur propre esprit d'aventure. Il comprit que chaque aventure était une leçon de vie, et que le courage et l'amitié étaient les véritables trésors à trouver.

Et ainsi, le Petit Pirate Intrépide, Louis, continua à vivre d'incroyables aventures, parcourant les mers et les terres, et racontant ses propres histoires aux générations futures.

The Fearless Little Pirate

Once upon a time, on a distant island in the middle of the ocean, lived a brave little boy named Louis. Louis dreamt of becoming a great pirate ever since he had heard the thrilling tales from his grandfather about hidden treasures and sea adventures.

One day, while exploring the beach, Louis discovered an old treasure map buried in the sand. The map was adorned with mysterious symbols and pointed towards an unknown location on the island.

Intrigued, Louis showed the map to his faithful companion, a chatty parrot named Coco. Together, they decided to embark on an adventure to find the coveted treasure.

Their journey led them through dense jungles, where they faced cunning snakes and mischievous monkeys. They climbed steep cliffs and sailed on wild rivers.

Along the way, Louis encountered a strange sea creature, an enchanting mermaid. She told him that to reach the treasure, he had to solve three enigmatic riddles.

With Coco's help, Louis cleverly solved the riddles and, as a reward, the mermaid gave him a magical compass that would guide him to the treasure.

The treasure lay at the top of a sacred mountain, guarded by a formidable dragon. Determined to reach his goal, Louis climbed the mountain with bravery and soothed the dragon with a calming song.

Finally, Louis found the treasure, a wooden box adorned with sparkling jewels. When he opened it, he discovered a notebook filled with tales and legends of pirates from the past.

His grandfather's voice echoed in his head, and Louis realized that the true treasure was his ancestors' legacy, their stories, and their courage.

Back in the village, Louis shared the tales from the notebook with the other children, inspiring their own spirit of adventure. He understood that each adventure was a life lesson, and that courage and friendship were the true treasures to be found.

And so, the Fearless Little Pirate, Louis, continued to live incredible adventures, sailing the seas and exploring the lands, and passing down his own stories to future generations.

Le Petit Chaton Curieux

―――

Il était une fois, dans une paisible maison au bord de la forêt, vivait un adorable petit chaton nommé Caramel. Caramel avait de grands yeux curieux qui brillaient comme des étoiles et une douce fourrure couleur caramel qui le rendait irrésistible.

Chaque jour, Caramel observait les oiseaux qui s'envolaient gracieusement dans le ciel bleu, les fleurs qui dansaient sous la caresse du vent, et les papillons qui virevoltaient dans le jardin. Il rêvait d'explorer le monde au-delà de sa petite maison.

Un matin ensoleillé, alors que la famille de Caramel était partie faire des courses, il décida de s'aventurer dans la forêt interdite. Il avait entendu des histoires effrayantes sur les créatures mystérieuses qui y vivaient, mais sa curiosité l'emportait sur sa peur.

Le cœur palpitant, Caramel franchit le seuil de la forêt. À chaque pas, il découvrait de nouvelles merveilles : des écureuils qui grimpaient aux arbres avec agilité, des lucioles qui illuminaient le chemin de leur lueur magique, et même une famille de lapins joueurs.

Soudain, Caramel aperçut une lueur étrange entre les arbres. Intrigué, il se dirigea vers cette mystérieuse lueur et découvrit une clairière enchantée. Au centre de la clairière se trouvait une fontaine magique, dont l'eau scintillait comme des diamants.

Un vieux hibou sage apparut et salua Caramel. Il expliqua que la fontaine exauçait les souhaits les plus sincères et les plus purs des animaux qui s'y abreuvaient.

Caramel, rempli d'espoir, fit un vœu : "Je souhaite que tous les animaux de la forêt soient heureux et en sécurité."

Le hibou sourit chaleureusement et dit que son vœu était noble et désintéressé. Il révéla à Caramel le secret de la fontaine : la vraie magie résidait dans le pouvoir de la gentillesse et de l'amour.

De retour chez lui, Caramel raconta à sa famille son aventure dans la forêt. Il réalisa que son foyer était le plus beau trésor, rempli d'amour et de bonheur.

Désormais, Caramel explorait la forêt avec sa famille, partageant les merveilles qu'il avait découvertes. Il comprenait que la vraie magie se trouvait dans les petits moments de joie et de bienveillance.

Et ainsi, le Petit Chaton Curieux, Caramel, continua à vivre de joyeuses aventures, ouvrant son cœur à la magie qui l'entourait, et répandant l'amour et la gentillesse partout où il allait.

The Curious Little Kitten

Once upon a time, in a peaceful house by the edge of the forest, lived an adorable little kitten named Caramel. Caramel had big curious eyes that sparkled like stars and a soft caramel-colored fur that made him irresistible.

Every day, Caramel watched the birds gracefully flying in the blue sky, the flowers dancing under the caress of the wind, and the butterflies flitting around in the garden. He dreamt of exploring the world beyond his small home.

One sunny morning, while Caramel's family had gone out for errands, he decided to venture into the forbidden forest. He had heard scary stories about the mysterious creatures living there, but his curiosity overpowered his fear.

With a pounding heart, Caramel crossed the forest's threshold. With every step, he discovered new wonders: squirrels agilely climbing trees, fireflies lighting up the path with their magical glow, and even a playful family of rabbits.

Suddenly, Caramel spotted a strange glow among the trees. Intrigued, he headed towards the mysterious light and found an enchanted glade. At the center of the glade was a magical fountain, its water sparkling like diamonds.

A wise old owl appeared and greeted Caramel. He explained that the fountain granted the sincerest and purest wishes of the animals who drank from it.

Filled with hope, Caramel made a wish: "I wish for all the forest animals to be happy and safe."

The owl smiled warmly and said that his wish was noble and selfless. He revealed to Caramel the secret of the fountain: true magic lay in the power of kindness and love.

Back at home, Caramel shared his forest adventure with his family. He realized that his home was the most beautiful treasure, filled with love and happiness.

From that day on, Caramel explored the forest with his family, sharing the wonders he had discovered. He understood that true magic lay in the small moments of joy and kindness.

And so, the Curious Little Kitten, Caramel, continued to live joyous adventures, opening his heart to the magic surrounding him, and spreading love and kindness wherever he went.

www.ingramcontent.com/pod-product-compliance
Lightning Source LLC
LaVergne TN
LVHW021228230225
804344LV00002B/429